D1120218

Amarillo

Moira Anderson

Heinemann Library
Chicago, Illinois

Customer Service 888-454-2279
Visit our website at www.heinemannlibrary.com

Editorial: Moira Anderson, Carmel Heron
Page layout: Marta White, Heinemann Library Australia
Translation into Spanish produced by DoubleOPublishing Services
Photo research: Jes Senbergs, Wendy Duncan
Production: Tracey Jarrett
Printed and bound in China by South China Printing Company Ltd.

09 08 07 06
10 9 8 7 6 5 4 3 2 1

Library of Congress Cataloging-in-Publication Data
Anderson, Moira (Moira Wilshin) [Yellow. Spanish]
 Amarillo / Moira Anderson.
   p. cm. -- (Encontrando colores)
 Includes index.
  ISBN 1-4034-7459-1 (library binding) -- ISBN 1-4034-7464-8 (pbk.)
 1. Yellow--Juvenile literature. 2. Colors--Juvenile literature. I.
Title. II. Series.
 QC495.5.A53918 2006
 535.6--dc22
                                                2005028241

Acknowledgments
The publisher would like to thank the following for permission to reproduce photographs: APL/Corbis/
Richard Cummins: p. **18**; Rob Cruse Photography: pp. **5** (boots) **9, 11, 23** (boots); Corbis: pp. **13, 21**;
Getty Images/Brand X Pictures: pp. **14, 23** (petals); Getty Images/Digital Vision: p. **16**; Getty Images/
PhotoDisc: pp. **20, 22, 23** (beach); PhotoDisc: pp. **4, 5** (banana, helmet, toy duck), **6, 7, 8, 10, 12, 15,
19, 23** (banana, toy duck, helmet), **24**; photolibrary.com/Goodshot: pp. **17, 23** (hay).

Front cover photograph permission of Tudor Photography, back cover photographs permission
of PhotoDisc (toy duck) and Rob Cruse Photography (boots).

Every attempt has been made to trace and acknowledge copyright. Where an attempt has been unsuccessful,
the publisher would be pleased to hear from the copyright owner so any omission or error can be rectified.

Many thanks to the teachers, library media specialists, reading instructors, and educational
consultants who have helped develop the Read and Learn/Lee y aprende brand.

Contenido

Algunas palabras aparecen en negrita, **como éstas**.
Puedes encontrarlas en el glosario en la página 23.

¿Qué es amarillo?

El amarillo es un color.

¿Qué colores diferentes ves en esta imagen?

El color amarillo está por todas partes.

¿Has visto estas cosas amarillas?

¿Qué comidas son amarillas?

Los plátanos son amarillos.

Pelas la **cáscara** amarilla para comer el plátano que está adentro.

Algunos quesos son amarillos.

El queso se hace de la leche.

¿Qué ropa amarilla puedo ponerme?

Este impermeable es amarillo.

Un impermeable te mantendrá seco en la lluvia.

Estas botas amarillas están
hechas de **goma**.

Mantienen los pies secos
en la lluvia.

¿Qué cosas amarillas hay en casa?

Este patito es amarillo.

Está hecho de **plástico**.

Esta toalla es amarilla.

Después de un baño, es buena para secarse.

¿Qué cosas amarillas hay en la carretera?

Esta señal en la carretera es amarilla.

Muestra que hay una estación de bomberos cerca.

Este camión amarillo de la basura
está en la carretera.

Se lleva la basura.

¿Qué cosas amarillas hay en el parque?

En el parque hay flores amarillas.

Tienen muchos **pétalos** amarillos.

En el parque hay un
tobogán amarillo.

El parque es un buen sitio
para jugar.

¿Qué cosas amarillas hay en una granja?

En la granja hay pollitos amarillos.

Los pollitos son pollos pequeños.

En una granja algunos animales comen **heno** amarillo.

¿Qué cosas amarillas hay en la playa?

Esta sombrilla es amarilla.

Protege del sol.

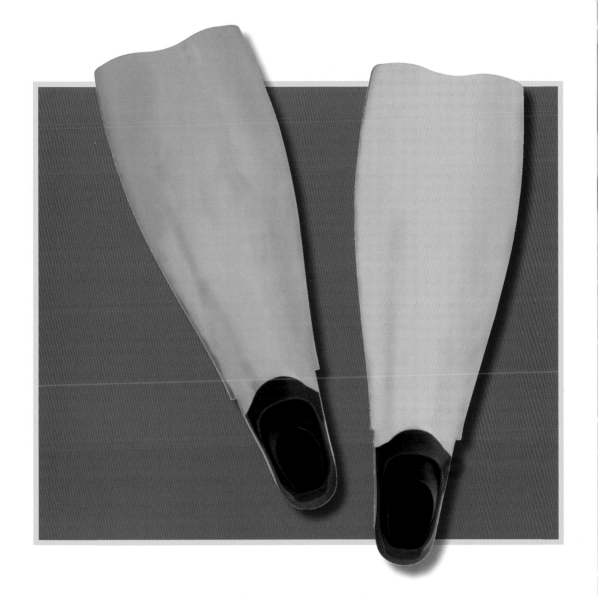

La gente puede usar aletas amarillas en la playa.

Las aletas ayudan a nadar.

¿Cómo usa la gente el amarillo en el trabajo?

Se puede usar camiones amarillos para mover tierra.

Algunas personas usan
cascos amarillos en el trabajo.

Los cascos ayudan a mantener
segura a la gente.

Prueba breve

¿Qué cosas amarillas ves?

Busca las respuestas en la página 24.

Glosario

heno
hierba seca para alimentar a
los animales

casco
protector fuerte para la cabeza

pétalo
la parte externa con colores de una
flor

plástico
material ligero y fuerte que
puede tener distintas formas

goma
material fuerte y flexible que se usa
para hacer botas y zapatos

cáscara
parte exterior de una verdura
o fruta

Índice

Respuestas a la prueba breve de la página 22

camiseta

cojín

lazo

suéter

Nota a padres y maestros

Leer para informarse es parte importante del desarrollo de la lectura en el niño. Se puede animar a los lectores a hacer preguntas simples y luego usar el texto para buscar las respuestas. Cada capítulo en este libro comienza con una pregunta. Lean juntos la pregunta. Fíjense en las imágenes. Hablen sobre cuál piensan que puede ser la respuesta. Después lean el texto para averiguar si sus predicciones fueron correctas. Para desarrollar las destrezas de investigación de los lectores, anímelos a pensar en otras preguntas que podrían preguntar sobre el tema. Comenten dónde podrían buscar las respuestas. Ayude a los niños a usar la página del contenido, el glosario ilustrado y el índice para practicar destrezas de investigación y vocabulario nuevo.